Prag
lieben lernen

Der perfekte Reiseführer für einen unvergessli-chen Aufenthalt in Prag inkl. Insider-Tipps, Tipps zum Geldsparen und Packliste

Kiara Bluhm

✈ INHALT

Das erwartet Sie

Sie haben schon Ihre Urlaubstage für dieses Jahr eingereicht, doch wissen nicht, wohin? Sie planen eine romantische Kurzreise mit Ihrem Schatz oder wollen Ihre Familie aus dem trüben Alltag entführen, doch finden keinen passenden Ort? Wie wäre es denn mit Prag? Vielleicht haben Sie sich bereits vor dem Kauf dieses Buches für Ihre Destination Prag entschieden. So oder so werden Sie die Entscheidung, nach diesem Ratgeber gegriffen zu haben, sicherlich nicht bereuen.

Auszeiten des Alltags bedeuten für jeden etwas anderes. Sei es das gemütliche Schlendern durch die Gassen, das Probieren von regionalen Spezialitäten oder das aktive Erkunden von Vergangenheit, Kultur und Zukunft inmitten von alten Gemäuern. Für was Sie sich letztendlich entscheiden, liegt ganz bei Ihnen, doch zuvor schadet es nicht, sich mit einigen wichtigen und interessanten Informationen einzudecken.

In diesem Ratgeber erfahren Sie alles, was Sie schon immer über Prag wissen wollten. Beginnend mit der Geschichte Prags über die Tradition und Kultur dieser Stadt bis hin zu den Dingen, die es wert sind, von Ihnen erkundet zu werden. Hier erfahren Sie, welche Hotels und welche Restaurants die besten sind, welches Gericht Sie nicht verpassen dürfen und welcher Ausblick über die Stadt Sie verzaubern wird. Scheuen Sie sich nicht, in diesem Buch immer wieder vor- und zurückzublättern, zu markieren und herauszuschneiden. So werden Sie nicht nur ausreichend auf Ihre Reise nach Prag vorbereitet, sondern Sie erleben Prag Stück für Stück mit mir und lernen es dabei vielleicht auch lieben. Erst, wenn Sie sich dann vor Ort befinden, können Sie den Zauber dieser goldenen Stadt mit Ihrer Wahrnehmung nachempfinden.

Eintauchen in die goldene Stadt

Prag lässt nicht los. Dieses Mütterchen hat Krallen. - Franz Kafka

Tauchen Sie mit mir in diese wundervoll engen Gassen Prags ein, durch die einst Franz Kafka, der wohl berühmteste Prager, schritt und erkunden Sie mit mir nicht nur Kafkas Werk, sondern auch den fesselnden Zauber dieser Stadt.

WARUM IST PRAG SO BESONDERS?

Praha, tschechisch für Prag, ist die Hauptstadt Tschechiens und gleichzeitig auch die bevölkerungsreichste Stadt der Tschechischen Republik. Innerhalb der Europäischen Union belegt Prag den fünfzehnten Rang der größten Städte. Außerdem gehört Prag zu den reichsten und wohlhabendsten Regionen in Europa. Dieser Reichtum spiegelt sich an einigen Stellen des Stadtbildes wider.

Der historische Landesteil Prags ist uns vor allem unter dem Namen Böhmen bekannt. Prag ist nicht nur die Hauptstadt der Tschechischen Republik, sondern ist auch mit dem Begriff *Kraj* versehen, was wörtlich Landstrich bedeutet und eine Bezeichnung für Verwaltungseinheiten in Tschechien ist. Abgesehen davon besitzt Prag einen Sonderstatus, da die Stadt die Merkmale einer Statutarstadt hat.

Statutarstädte sind in Tschechien solche, die eine besondere Stellung im Land aufweisen. Charakteristisch für solche Städte ist, dass sie einen eigenen politischen Bezirk bilden und somit bezirksfrei, also eine kreisfreie Stadt sind. Ähnlichkeiten solcher

Städte sind in dem österreichischen Verwaltungs-
modell zu finden.

WELCHE WICHTIGEN ZIELE LIEGEN IN DER UMGEBUNG?

Betrachten Sie die Tschechische Republik von oben,
dann sehen Sie, dass Prag zentral im westlichen Teil
Tschechiens an der Moldau liegt. 40 Kilometer nur
trennen Sie von der Einmündung der Elbe in Melnik.
Der Großteil der Stadt liegt zu einem weiten Teil an
der Moldau. Diese durchfließt die Stadt auf einer
Länge von 30 Kilometern und bildet dann im Norden
der Stadt eine Schleife. Am südlichen Bogen dieser
Schleife ist das historische Stadtzentrum Prags zu
finden. Im Westen und Süden der Stadt sind die
zweitgrößten Berge Prags zu finden. Im Westen treffen Sie auf den Billa Hora, den weißen Berg, der eine
Höhe von 381m aufweist. Südwestlich der Stadt-
grenze treffen Sie dagegen auf den 385m hohen Berg
Cihadlo.

Falls Sie sich mehrere Tage für Ihren Urlaub in
Prag genommen haben, schadet es nicht, einige
wichtige Ziele in der Umgebung zu kennen. Diese

eignen sich besonders gut für Tagesreisen. So sehen Sie nicht nur die Hauptstadt Tschechiens, sondern auch das schöne Umland.

Sind Sie beispielsweise ein großer Bierfan, dann lohnt sich ein Ausflug in die bekannte Nachbarstadt Pilsen. Von Prag ist die viertgrößte Stadt Tschechiens etwa 1 Stunde und 25 Minuten mit dem Auto entfernt. Sollten Sie mit den öffentlichen Verkehrsmitteln reisen wollen, brauchen diese etwas länger mit 1 Stunde und 40 Minuten. Die Stadt Pilsen ist selbstverständlich wegen des Bieres bekannt, aber auch wegen ihrer Skoda Werke. Aber auch darüber hinaus hat die Stadt einiges zu bieten. Pilsen mit seinem historischen Stadtzentrum ist 2015 Kulturhauptstadt Europas geworden und bescherte der Stadt große Aufmerksamkeit innerhalb Europas.

Wichtige Sehenswürdigkeiten in Pilsen sind das Westböhmische Museum, in welchem Sie vor allem in die Forschungsarbeit von verschiedenen Fachabteilungen eintauchen können. Dazu gehören die Botanik, die Archäologie, die Zoologie und das Kunsthandwerk. Sind Sie dagegen in Pilsen, um mehr von der Geschichte des Bieres zu erfahren, dann sollten Sie den Besuch in der Pilsen Urquell-Brauerei nicht missen. Dort befindet sich auch das Brauereimuseum. Von der Geschichte des Bieres bis zu einer Verkostung ist dort alles zu finden. Falls Sie mit Ihrer Familie und Kindern reisen, sollten Sie wissen, dass das Marionettentheater und das Puppenspiel eine lange Tradition in Pilsen haben.

Ein weiterer Ort, den Sie aus Prag in zwei Stunden mit dem Auto erreichen können, ist die Stadt Karlsbad. Diese ist vor allem als berühmtester und traditionsreichster Kurort der Welt bekannt. Karlsbad befindet sich im schmalen und südlich gelegenen Tal der Telpa. Die Tradition des Kurortes reicht bis ins Jahr 1522 zurück, wo das erste Mal schriftliche Abhandlungen über die Heilkraft der Quellen auftauchten. Heute gibt es in Karlsbad zwölf aktive Quellen und unzählige Bäder, in denen Sie sich erholen und es sich gut gehen lassen können. Sie können sich aber auch genauso gut erhaltene historische Kureinrichtungen wie die Weißen Kolonnaden oder die Marktkolonnaden ansehen.

In allen zu besichtigenden Kolonnaden gibt es Heilbrunnen, deren Temperatur bei 60 °C liegt. Die Anwendungsbereiche der Karlsbader Heilquellen sind vielfältig. Sie reichen von Störungen des

Verdauungssystems zu Stoffwechselstörungen, bis hin zu Übergewicht und Parodontose. Ein Besuch in Karlsbad kann demnach heilende Kräfte haben.

Eine Zeitreise durch Prag

Unter dem Namen Böhmen ist das tschechische Gebiet um Prag bekannt. Dieser Teil und das sogenannte Prager Becken gehörten während der gesamten Ur- und Frühgeschichte der Menschheit zu den am dichtesten und sogar durchgängig besiedelten Landschaften Böhmens. Im Jahr 50 v. Chr. siedelten sich keltische Boier vor Ort an. Dann wurde 500 Jahre lang der Ort von den germanischen Makromannen eingenommen. Erst in der zweiten Hälfte des 6. Jahrhunderts wurde Böhmen von ersten slawischen Gruppen eingenommen. Im 9.

sowie im 10. Jahrhundert wurden die ersten Burgen gebaut, sodass sich dort für den Schutz dieser, immer mehr einheimische Handwerker und deutsche und jüdische Kaufleute ansiedelten. Im Jahr 1230/1243 ließ Wenzel der Erste diese Siedlungen an die Moldaubiegung befestigen und bescherte ihnen so die ersten Stadtrechte. Dies war der Beginn von Prag als Residenzstadt böhmischer Herrscher. Um 1257 wurde dann die erste Neustadt in Prag gegründet, die Kleinseite, im Tschechischen die Mala Strana.

Später noch, in der zweiten Hälfte des 14. Jahrhunderts, wurde Prag zum Kaisersitz des Heiligen Römischen Reiches erklärt. Dies brachte nicht nur wirtschaftliche und politische Erfolge mit sich, sondern ermöglichte Prag auch einen kulturellen Zuwachs. Mit diesen neuen Einflüssen wurde dann 1348 die erste mitteleuropäische Universität gegründet, die Karls-Universität. Der Zuwachs wurde durch den Bau der Prager Neustadt verstärkt, sodass sich Prag bald die viertgrößte Stadt nördlich der Alpen nennen konnte. Leider wurde das Wachstum im Jahr 1419 durch den Hussiten-Krieg schwer gebremst, da Prag stark zerstört wurde.

Von diesem schweren Schlag erholte sich Prag bis in 16. Jahrhundert hinein, als die Stadt von Kaiser Rudolf dem Zweiten erneut zur Residenzstadt gemacht wurde. Weitere Kriege, wie der Dreißigjährige- und der Siebenjährige Krieg, hinterließen schwere Spuren in den Gassen Prags. Um 1784 dann beschlossen die vier Städte Prags, sich zu einer großen Hauptstadt zusammenzuschließen.

Nach dem Ersten Weltkrieg und bis in die Mitte der 1930er Jahre hinein blühte Prag als Hauptstadt der Tschechoslowakei auf. Der zusammengeschlossene Staat lebte bis dato demokratisch und gab Deutsch als seine Muttersprache an. Ein bekannter Vertreter dieser Zeit ist der Schriftsteller Franz Kafka, der - aufgewachsen in Prag - seine Werke in deutscher Sprache verfasste.

Doch das Schicksal dieser Demokratie war mit dem Einmarsch der Wehrmacht und Hitler besiegelt worden. Unzählige Juden wurden in und um Prag ermordet. Nach dem Zweiten Weltkrieg wurden dann erst ansässige Deutsche in Prag verfolgt und vertrieben, bis auch ansässige Ungarn später ein ähnliches Schicksal erlitten. Im Jahr 1948 geriet dann Tschechien unter das kommunistische Regime des

Klement Gottwalds.

Ein wichtiges Datum in Tschechiens Geschichte ist der Prager Frühling im Jahr 1968, in welchem friedlich versucht wurde, den vorherrschenden autoritären Sozialismus durch eine liberale Reform abzulösen. Der Versuch endete vergeblich und wurde am 21. August von den Truppen des Warschauer Paktes mithilfe von Waffengewalt niedergeschlagen.

Einundzwanzig Jahre lang hat es gedauert, bis 1989 Prag zum Schauplatz der Samtenen Revolution wurde, in welcher das Ende des sozialistischen Regimes eingeleitet wurde. Seit dem Jahr 1999 ist die tschechische Republik Mitglied in der NATO und seit 2004 Mitglied in der Europäischen Union. Prags Währung ist jedoch nicht der Euro, sondern die Tschechische Krone, die internationale Abkürzung ist CZK. Mit den tschechischen Kronen können Sie problemlos und am einfachsten in Tschechien bezahlen. In den letzten 15 Jahren verlor die Tschechische Krone kontinuierlich an Wert gegenüber dem Euro. Eine Krone besteht dabei aus 100 Heller. Mithilfe eines Währungsrechners können Sie online nachschauen, wie viele tschechische Kronen ein Euro sind. Im Moment (November 2019) entspricht

1 € ungefähr 25,48 CZK.

WANDEL ZWISCHEN ALT- UND NEUSTADT

Wie viele andere Städte auch, besteht Prag aus einer Alt- und einer Neustadt. Das Besondere an Prag ist jedoch auch die Zusammensetzung aus vier einst separaten Städten. Zu einer dieser Städte gehört auch die Altstadt, die älteste dieser vier. Die im Tschechischen so genannte Strare Mesto ist charakteristisch an ihrem Altstädter Ring zu erkennen, in welchem sich zahlreiche Sehenswürdigkeiten befinden, darunter auch die bekannte Karlsbrücke. Das 14. Jahrhundert wird als ein wichtiges Jahrhundert für die Prager Altstadt angesehen, da dort ein starker Bauaufschwung herrschte. Sehr viele Bauten, wie das Altstädter Rathaus und die Karlsbrücke, entstanden zu dieser Zeit und erblühten danach in voller Pracht.

Die Prager Neustadt gehört trotz ihres Namens zu den vier anfänglichen Städten Prags. Dennoch ist sie die jüngste und gleichzeitig größte unabhängige Stadt im Mittelalter und in der Neuzeit gewesen. Genau genommen wurde sie im Jahr 1348 vom Kaiser

Karl dem Vierten gegründet. Auch die Neustadt hatte im 14. Jahrhundert ihren kulturellen Hochpunkt, da auf dieses Jahrhundert ihre strukturelle Anlage zurückgeht. Aus diesem Jahrhundert sind jedoch nur einige kirchliche, administrative und wirtschaftliche Gebäude erhalten geblieben. Dazu zählen aber prächtige gotische und barocke Kirchenbauten. Der heute bekannte Karlsplatz galt damals schon als administratives und wirtschaftlichen Zentrum.

KULTURELLE EINFLÜSSE PRAGS

Der wichtigste kulturelle Aufschwung Prags wird erstmals im 19. Jahrhundert deutlich. Denn in diesem Jahrhundert entstanden unter anderem das Nationalmuseum und das Nationaltheater. Seit dem Jahr 1890 verlor Prag immer mehr seine deutsche Bevölkerungsmehrheit, welche sie seit dem Mittelalter aufgebaut hatte. Dennoch war die Stadt geprägt von einem starken Austausch von Nationalitäten und deren Kulturen. Dies führte selbstverständlich sehr oft auch zu Konflikten sozialer Natur. Dennoch taten diese Konflikte Prag sehr gut, da die Stadt um 1900 ein weltoffenes Zentrum für Künstler und

Literaten der tschechischen und trotz allem auch der deutschen Sprache wurde.

Prag blickt also auf mehrere Jahrhunderte zurück, in denen immer wieder eine reichhaltige kulturelle, soziale und ökologische Entwicklung stattfand. Die technischen Denkmäler der Stadt gehören dabei zu den bekanntesten Zeitzeugen dieser rasanten Entwicklung und Veränderung der Stadt. Die Denkmäler erinnern dabei nicht nur an die Unterschiedlichkeit des Alltagslebens unserer Vorfahren, sondern regen uns auch dazu an, einen Vergleich zu unserer jetzigen Zeit zu ziehen. Doch was genau ist mit technischen Sehenswürdigkeiten und Denkmälern gemeint? Dazu gehören nämlich unterschiedliche Objekte und auch Einrichtungen.

Einige Beispiele dafür sind die Räumlichkeiten der Prager Umwelt und ihrem System an Kollektoren, der Petzold Kalkofen, die ehemalige Windmühle Vetrnik und die Seilbahn auf dem Laurenziberg. Wer sich vor allem für die technischen Sehenswürdigkeiten Prags interessiert, der sollte die Ausstellung des nationalen technischen Museums nicht verpassen.

Wenn Sie Ihre Freunde mit einem coolen Fakt

von Prag überzeugen möchten, dann sollten Sie unbedingt die Abwasserkläranlage im Stadtteil Bubenec besuchen. Diese brachte Prag im 20. Jahrhundert nicht nur in die Liste der modernsten Städte Europas, sondern dort wurde der letzte Teil von Tom Cruises Mission Impossible gedreht.

ARCHITEKTONISCHE BESONDERHEITEN

Prags zauberhafte Seite liegt nicht nur auf der geschichtlichen und kulturellen Ebene, sondern vor allem auf der architektonischen. Eine Vielfalt von unterschiedlichen Stilen finden sich in den Gassen Prags wieder, sodass man meinen könnte, Prag sei einem Lehrbuch für Architektur entsprungen. Gotische Kirchenbauten, barocke Paläste und ihre Gärten, romanische Kirchen, mondäne Jugendstil-Bauen und einzigartige kubistische Architektur zeigen auch einem ungeübten Auge, was sich für eine kulturelle und künstlerische Vielfalt in Prag entfaltet.

Alle diese Bauten sind das ein oder andere Foto wert. Sie werden an mich denken, wenn sie die Ikone der modernen Prager Architektur, das tanzende

Haus von Frank Gehry, entdecken oder auch die nationale technische Bücherei im Stadtteil Dejvice.

Besonders ausschlaggebend für die Prager Architektur ist aber ebenso der Fakt, dass sie sich mit dem wunderschönen Fluss Moldau rühmen kann. Denn, was Sie vielleicht nicht wissen, in Prag erstrecken sich über dem Fluss dreißig Brücken. Diese machen somit fast den größten architektonischen Teil der Stadt aus. Die Moldau ist die Seele Prags und jeder sieht und fühlt das, vor allem, wenn er über die historische und mittelalterliche Karlsbrücke mit ihren barocken Statuen spaziert. Ohne die Moldau hätten Touristen und Einheimische auf der Karlsbrücke auch keinen Blick auf das atemberaubend schöne Panorama der Prager Burg.

Außerdem ist die Uferstraße der Moldau das zeitgenössische Phänomen des Prager Gesellschaftslebens schlechthin. Dort finden nämlich regelmäßig Bauern- und Flohmärkte statt. Aber nicht nur Märkte aller Art finden dort statt. Das ganze Jahr über, aber besonders im Sommer, können Sie dort spazieren, Sport treiben und sich organisierte Ausstellungen ansehen. Im Winter dagegen haben Sie die einmalige Möglichkeit, sich an einem dort

ankernden Schiff in einer originellen Sauna aufzu-
wärmen.

Das Leben in Prag

So wie jede andere Region auch, haben die Menschen in Prag, beziehungsweise in der gesamten Tschechischen Republik, ihre Eigenheiten. Natürlich herrschen auch hier Klischees, die vielleicht wahr und zutreffend sind, vielleicht aber auch vollkommen erfunden. All dies können Sie aber selbstverständlich in ihrer Reise herausfinden. Und mich vielleicht eines Besseren belehren.

CHARAKTERISTIKA UND KLISCHEES

Viele sagen, dass sich die Mentalität der Menschen in der Tschechischen Republik mit bloß drei Worten am besten beschreiben lässt: wortkarg, bescheiden und bodenständig. Doch ich möchte behaupten, dass dies nicht genug ist. Es ist wahr, dass die Tschechen in ihrem Land Fröhlichkeit und einen Hauch von Schwermut stets miteinander zu vereinbaren scheinen. In ihrem hintergründigen Humor steckt oft ein tiefverwurzelter Skeptizismus und eine fast schon greifbare Melancholie. Man könnte meinen, dass in ihrer mentalen Zerrissenheit oft auch einfach eine schwere Resignation liegt. Ich denke, dies ist gut bei tschechischen Autoren nachzulesen.

Doch die Tschechen erfinden sich in vielen, vorwiegend kulturellen und künstlerischen, Ebenen komplett neu und überraschen vermutlich viele der Touristen, die vielleicht meinen, eine Gleichgültigkeit sich gegenüber zu spüren. Jedoch sind Tschechen sehr gesellige und gastfreundliche Menschen, die Abende und Freizeitaktivitäten in großer Gesellschaft niemals meiden. Denn Tschechen sind große

Gesangsliebhaber, vor allem, wenn es um regionale Musik geht. Aus dem Grund gibt es auch sehr viele kleine und größere regionale Bands, die am Wochenende in Kneipen auftreten und somit ihre Liebe zur Musik mit allen teilen. Eine weitere wichtige Freizeitaktivität der Tschechen ist der Sport, schließlich bringt auch dieser die Menschen enger zusammen. Einige der älteren Generationen meinen, konservativer als die Jugendlichen zu sein und sich vor Ausländern eher zurückzunehmen. Dennoch geben junge Leute in der Tschechischen Republik an, dass sie sehr kreativ und arbeitsfreudig sind.

WICHTIGE BRÄUCHE UND FEIERTAGE

Ein Großteil der tschechischen Bevölkerung mag nicht besonders religiös sein, wenn auch konservativ und abergläubisch. Aus dem Grund haben sie einige Bräuche, die manche Familien seit jeher befolgen und dazu natürlich wichtige Feiertage des Landes. Wie in jedem anderen christlichen Land werden auch in der Tschechischen Republik Ostern und Weihnachten besonders stark gefeiert und wahrgenommen.

Über Ostern gilt die wichtigste Regel, dass an jedem Familientisch bemalte Eier bereitstehen. Diese symbolisieren das neue Leben und die Wiedergeburt. Für Groß und Klein steht das Osterfest in Verbindung mit Familie, Brauchtum und Kochen. Denn einige traditionelle Gerichte und Gebäcke werden zu dieser Zeit serviert und sind auch in Restaurants der Region zu finden. Ein Beispiel für eine tschechische Tradition ist die sogenannte Pomlazka, eine aus frischen Weidenzweigen geflochtene und mit Bändern geschmückte Rute.

Die Tradition besagt hier, dass die Knaben am Ostermontag um die Häuser ziehen und Frauen und Mädchen mit der Rute peitschen. In diesem Zusammenhang steht das Peitschen jedoch nicht als Bestrafung, sondern als Symbol der ganzjährigen Frische und Schönheit der Frau. Eine weitere Volkstradition zeichnet sich dadurch aus, dass Knaben um ihren Ort laufen und mit Schnarren lauten Krawall veranstalten, um alle Gläubigen in die Kirche und in die Ostermesse zu locken. Nach dem Fasten jedoch beginnt der größte Spaß aller Familien: der traditionelle Ostertisch.

Serviert wird hier eine Menge Fleisch, vor allem Lamm- oder Kaninchenfleisch mit Brennesselfüllung, außerdem Osterbrot und Bisquitlamm mit Zuckerguss. Sollten Sie sich um die Osterzeit herum in Prag befinden, habe ich einen Tipp für Sie. Denn um die Feiertage herum wird Ihnen die tschechische Gastfreundlichkeit sehr deutlich. In jedem Restaurant finden Sie an diesen Tagen ein Ostermenü vor, welches seine Köstlichkeiten mit gewürzten und österlichen Bierspezialitäten serviert.

Ein weiterer Tipp für Prag während der Ostertage sind die Märkte am Altstädter Ring. Dort erwarten Sie ein Jahrmarkt, diverse Volksbelustigungen und verschiedene Stände und Buden, die Ihnen die österlichen Köstlichkeiten näherbringen. Das Kulturprogramm an diesen Tagen ist reichlich vollgepackt, sodass Sie nichts von der österlichen Tradition Tschechiens verpassen. Auch für die jüngeren Familienmitglieder hat dieser Markt unter den Sternen einige Aktivitäten geplant, wie das Bemalen von Eiern.

Der zweite wichtige Feiertag in Tschechien ist Weihnachten. Neben dem wunderschönen Weihnachtsmarkt in Prags Innenstadt gibt es noch viel mehr Bräuche dieses Feiertages zu entdecken. Zumindest gibt es an Weihnachten sehr viele alte Bräuche und Traditionen. Viele von ihnen werden heute nicht mehr so durchgeführt wie früher. Schließlich möchten die Familien ihr Weihnachtsessen genießen und nicht tausende von Regeln befolgen.

Welche von den folgenden Ritualen und Bräuchen heute noch genauso befolgt und durchgeführt werden, ist schwer zu sagen. Schließlich entscheidet dies jede Familie für sich selbst. Doch es ist klar, dass die im Folgenden aufgeführten Traditionen weniger mit dem Weihnachtsfest an sich zu tun haben, sondern viel mehr mit altertümlichem Aberglauben. Zum einen gehört dazu, dass kein Gast des Weihnachtsmahls mit dem Rücken zur Tür sitzt.

Außerdem dürfen nur eine gerade Anzahl von Gästen am Tisch sitzen. Sollte es aber doch zu einer ungeraden Zahl von Gästen kommen, wird stets für eine weitere Person mitgedeckt. Einerseits, weil ungerade Zahlen Unglück bedeuten, andererseits, weil das weitere Gedeck von einem bedürftigen Menschen eingenommen werden könnte. Vor allem an Weihnachten sind die Tschechen darauf vorbereitet, dass so etwas geschehen kann. Deswegen sorgen sie mit reichlich Essen und einem weiteren Gedeck vor. Eine weitere Tradition ist es, mit dem Aufdecken von Mahlzeiten zu warten, bis der erste Stern am Himmel aufleuchtet. Und wenn alle aufgegessen haben, sollte die Familie darauf achten, dass alle Gäste gleichzeitig und gemeinsam vom Tisch aufstehen. Denn in der Volkstradition heißt es: Wer als erstes den Tisch verlässt, der stirbt auch als erstes im kommenden Jahr. Dieses Risiko möchte natürlich ungern jemand eingehen.

Grundsätzlich verhungert in der Tschechischen Republik niemand, der gerne essen möchte. Weder an Weihnachten noch an Ostern. Generell empfehle ich Ihnen, sich den Weihnachtsmarkt in Prag anzusehen, die Magie der Stadt wird zu dieser kühlen Zeit noch mehr verstärkt. Dort erfahren Sie noch mehr über die tschechischen Traditionen und die Kultur, Sie probieren die traditionelle Küche und erfreuen sich an ihren Bräuchen. Außerdem erfahren Sie das wahre Wesen der Tschechen.

BÖHMISCHE KÜCHE IN UND UM PRAG

Neben zahlreichen Bräuchen und Feiertagen spielt die Küche in der Tschechischen Republik eine ebenfalls große Rolle in der Tradition. Sprechen wir von der Küche der Tschechischen Republik, ist vor allem die böhmische Küche gemeint. Diese hat ihren Ursprung in der österreichischen und ungarischen Küche, ist aber auch mit der bayrischen, schlesischen und sächsischen Küche verwandt. Die Rezepte der böhmischen Küche sind seit jeher schon üppig gestaltet, da es in der Region stets eine große Vielfalt an Produkten gab.

In den Hauptgerichten findet sich vermehrt Schweinefleisch vor, statt Lamm, Rind oder Fisch. Als Beilage essen die Tschechen wenig Gemüse, dafür die bekannten böhmischen Knödel, Kartoffeln oder Kartoffelpüree. Oft gibt es einige Rezepte, die als Beilage Bandnudeln mit Ei haben. Die einzige Gemüsebeilage ist das Sauerkraut, Rot- oder Weißkraut. Demnach sehen Sie, dass die böhmische Küche, ähnlich der bayrischen, sehr deftig und sättigend ist. Eine bekannte Hauptspeise ist der Schweinsbraten.

Dieser ist die Grundlage des tschechischen National-gerichtes: „Schweinefleisch-Knödel-Kraut". Wie der Name schon verrät, wird das eher fette Fleisch zu-sammen mit den böhmischen Knödeln und dem Sauer-, Weiß- oder Rotkraut serviert. Dies ist eins der Gerichte, welches Sie unbedingt bei Ihrer Reise durch Prag probieren sollten.

Ein weiteres bekanntes Gericht in Tschechien ist der Lendenbraten auf Sahne. Dieses Gericht ist, ob-wohl das viele Touristen nicht wissen, auch ein tra-ditionelles und spezifisch böhmisches Gericht. Der Lendenbraten wird mit einer sämigen Sahnesauce und passiertem Gemüse serviert. Als Beilagen gibt es hier erneut böhmische Knödel, aber auch Preisel-beeren, die für etwas Süße im Gericht sorgen. Die böhmischen Knödel werden in der Regel ohne Hefe, aber mit kurz angebratenen Semmeln zubereitet. Diese sind die bekanntesten. Aber auch hier gibt es verschiedene Ausführungen und Geschmäcker. Hier gilt: Wer probiert, kann auch entdecken.

Ebenfalls zu der böhmischen Küche zählt die große Vielfalt an Suppen. Besonders bekannt ist hier die Gulaschsuppe, welche der österreichischen am ähnlichsten ist. Vermehrt wird diese als Hauptspeise an kühlen Tagen serviert, oft in einer Schüssel. Das Besondere an der Gulaschsuppe ist, dass sie in manchen Restaurants in Prag in einem Laib Brot serviert wird. Diesen leckeren Tipp sollten Sie sich nicht entgehen lassen.

Weitere Suppen, wie Kartoffel- und Knoblauchsuppe, sind ebenfalls relativ häufig in und um Prag zu finden.

Alle Speisen sind gut gewürzt, mit Salz, Knoblauch, Piment, Liebstöckel, Majoran und Kümmel. In ihnen liegt der ganze Geschmack dieser traditionellen Küche.

Trotz der vielen Rezepte mit Schweinefleisch wird in vielen Haushalten zu Weihnachten Karpfen serviert, der mit Kartoffelsalat als Beilage verspeist wird. In Böhmen sind zwei verschiedene Arten des Kartoffelsalates bekannt. Die Ausführungen unterscheiden sich dabei in der Zubereitung und den Zutaten innerhalb von verschiedenen Regionen. Eine Variante des Kartoffelsalates ist die üppige, mit Mayonnaise, Ei und Wurst, die zweite dagegen ist ganz schlicht mit Zwiebeln, Essig und Öl. Je nach Appetit und persönlichem Geschmack kann hier eine der zwei Arten gewählt werden. Weitere Gerichte der traditionellen Küche sind beispielsweise der Hackbraten und der Prager Schinken, welcher traditionell warm serviert wird und ein guter Snack für zwischendurch ist.

Aber die Tschechische Republik hat nicht nur zahlreiche herzhafte Gerichte anzubieten, sondern auch eine Vielzahl von süßen Sünden. Dazu gehören beispielsweise Zwetschgen- oder Marillenknödel. Oder auch Teigtaschen, die Buchteln heißen und mit verschiedenen Füllungen zubereitet werden, die bekanntesten sind Quark und Mohn. Aber auch Palatschinken, dünne Eierpfannkuchen, gibt es überall in und um Prag zu essen. Ein absoluter Süßspeisen-Tipp von mir sind die Trdelniks. Das ist süßer Hefeteig, der auf Stangen gerollt und zu einer Teigrolle geformt wird. Am Ende wird der Teig in Zimt und Zucker gewälzt. So schmeckt und riecht es bereits fabelhaft lecker. Aber an einigen Ecken gibt es die Trdelniks auch mit Marmeladen, Schokosauce und Nutella gefüllt. Da es die Trdelniks stets auf die Hand gibt, ist die Sauerei vorprogrammiert, diese lohnt sich aber zu 100%!

Die Tschechische Republik rühmt sich jedoch nicht nur für ihr gutes Essen, sondern auch für ihr überaus bekanntes Bier. Laut den Bierkennern gibt es das beste Bier in Prag in der Braustube *Pivnice Zly Casy* (Zu den bösen Zeiten) im Stadtteil Nusle. Dort können Sie sowohl Flaschenbiere aus aller Welt probieren als auch Biere aus kleinen und mittelgroßen Brauereien Tschechiens, die in der Stube aus 24 Zapfhähnen rinnen.

Selbstverständlich können Sie in allen Lokalen und Bierbars gutes Bier bestellen und trinken. Ein sehr guter Ort für Bier ist das *Lokal*, dort können sie hervorragendes Pilsner Bier genießen, aber auch anderes traditionelles Bier und zudem die böhmische Küche genießen. Wenn Sie sich gerne von den Geschmäckern Prags leiten lassen möchten, bieten sich vor allem kleine Lokale und Bierstuben an. Denn dort werden Ihnen oft hausgemachtes Bier und Spezialitäten des Hauses serviert. Außerdem liegen diese Lokale weit weg von den überfüllten Touristenlokalitäten. Sie werden es nicht bereuen.

Falls es jedoch noch etwas zu früh sein sollte für ein kühles Bier und Sie sich einen Ort wünschen, an dem Sie schön sitzen und eine heiße Schokolade oder einen Kaffee trinken können, werden Sie auch da nicht enttäuscht. Denn Prag hat eine Vielzahl von

Kaffeehäusern, unter denen sich auch einige berühmte verbergen. Die Vielzahl stammt aus der Achtung der Tradition von berühmten Persönlichkeiten, die diese wegen des guten Kaffees vermehrt aufgesucht haben. Wollen Sie die Hektik der Prager Innenstadt vergessen, nehmen Sie Platz im Kaffeehaus Slavia. Möchten Sie dagegen die Paris Atmosphäre nachempfinden, kann ich Ihnen das Café Louvre empfehlen.

Eine besondere Atmosphäre durch die kubistische Inneneinrichtung kann Ihnen das Café Orient bescheren. Falls Sie an einem Tag Ihrer Reise auswärts frühstücken wollen, bietet sich das Café Savoy oder das Café Imperial an. Am Wochenende empfiehlt es sich, dort einen Tisch zu reservieren, dies geht auch online. Im Café Lounge dagegen können Sie am Nachmittag einen frischen Cappuccino und leckere hausgemachte Desserts genießen. Im Kaffeehaus *Kavarna Prazirna* können Sie nicht nur frisch gemahlenen Kaffee genießen, sondern diesen auch vor Ort kaufen. So können Sie sich einen Teil der Prager Kaffeehauskultur mit nach Hause nehmen.

Sie sehen, dass Prag nicht nur architektonisch und geschichtlich eine Menge zu bieten hat, sondern auch kulinarisch und traditionell. Zahlreiche Speisen und Getränke versüßen Ihnen den Tag und lassen Sie den Abend am besten ausklingen. An jeder Ecke riecht es himmlisch und niemand kann diesen Gerüchen widerstehen. Doch wie Sie in den weiteren Kapiteln lesen werden, gibt es noch viel mehr in Prag zu entdecken und zu erleben. Unsere Reise durch Prag ist noch längst nicht abgeschlossen. Und leider werden Sie mit einer einzigen Reise auch nicht alles von Prag entdecken können. Lassen Sie sich davon nicht beirren, schließlich können Sie Prag jederzeit wieder besuchen. Die Stadt wird Sie mit offenen Toren erwarten.

Anreise und Verkehrsverbindungen

D as folgende Kapitel bezieht sich auf die Anreise aus allen Teilen Deutschlands und dann im Folgenden auf die Verkehrsverbindungen innerhalb Prags.

Es gibt eine Vielzahl von Möglichkeiten, um nach Prag zu reisen. Dazu gehört sicherlich auch die Anreise mit dem eigenen Auto. Falls Sie jedoch das Kommando innerhalb ihrer Reise abgeben möchten, können Sie die Anreise zwischen dem Flugzeug, dem Zug und dem Bus wählen. Alle drei Verkehrsmittel werden im Folgenden näher betrachtet. Danach können Sie sich entscheiden, welches Verkehrsmittel am besten zu Ihnen und ihrer Reise passt.

ANREISE MIT DEM FLUGZEUG

Prag besitzt einen eigenen Flughafen, der sich im sechsten Stadtbezirk und 15 km vom Stadtzentrum entfernt befindet. Dieser wird von mehreren großen Fluglinien mehrmals am Tag angeflogen.

Um zu entscheiden, ob sich ein Flug für Sie lohnt, ist es empfehlenswert, Airlines und Preise zu vergleichen. Über die Seite Skyscanner können Sie zum Beispiel Reisebüros und auch Fluglinien miteinander vergleichen. Ausschlaggebend ist auch hier die Reisezeit. Reisen Sie beispielsweise in den Ferien oder zu Feiertagen, sind die Preise höher. Oft bietet es sich an, zwischen der Saison zu fliegen und auch unter der Woche statt am Wochenende. Für eine erste Information werde ich Ihnen einen Überblick geben über einige Airlines, die nach Prag fliegen. Oft lohnt es sich, direkt über die Fluglinien nach Flügen zu schauen, sich beraten zu lassen und zu buchen. Eurowings und Co. bieten manchmal Pakete für Kurzreisen an. Dort sind meistens die Flüge mit inbegriffen und auch preislich günstiger. Die Airline der Lufthansa bietet sehr viele und zeitlich regelmäßige Flüge aus Frankfurt am Main und München nach Prag an. Diese Flüge sind ohne Umstieg, die Dauer München – Prag beträgt 55 Minuten, von Frankfurt am Main dauert es genau eine Stunde.

Die tschechische Airline fliegt regelmäßig aus Berlin, Düsseldorf, Hamburg, Zürich und Genf nach Prag.

Sind Sie erst mal in Prag gelandet, gibt es auch hier verschiedene Möglichkeiten, um zu Ihrem Hotel oder Ihrem Wohnort zu gelangen. Neben dem Taxi und dem organisierten Bus des Hotels, können Sie bis zum Prager Hauptbahnhof mit dem Airport-Express fahren. Genauso gut können Sie mit einem Bus oder der U-Bahn fahren.

ANREISE MIT DEM ZUG

Viele Menschen ziehen es mittlerweile vor, immer öfter ihre Reise mittels einer Zugfahrt anzutreten. So reisen sie entspannter, können mehr von ihrer Umgebung sehen und schaden der Umwelt nicht zu sehr. Auch für Sie könnte die Reise mit dem Zug eine gute Möglichkeit sein, um schnell nach Prag zu gelangen. Besonders viel Glück haben Sie, wenn Sie in den Städten Berlin, München, Hamburg oder Dresden wohnen, denn von dort aus gelangen Sie mit einer direkten Zugverbindung nach Prag. Doch keine Sorge, denn auch andere deutsche Städte haben gute Angebote und Anbindungen nach Prag.

Der Hauptbahnhof Prags liegt sehr zentral in der Nähe des Wenzelplatzes, dieser ist mit der Metrolinie C nur eine Station entfernt, und des Nationalmuseums. Am Hauptbahnhof haben Sie die Möglichkeit, mit diversen Zuglinien zu reisen, wie mit dem Euro City oder dem Nachtzug Euro Night. Sollten Sie in der Nähe von Dresden leben, haben Sie von dort nach Prag die zeitlich günstigste Verbindung, nämlich 2,5 Stunden Reisezeit. Aus Hamburg dagegen benötigen Sie sieben Stunden Anreisezeit.

Um den bestmöglichen Preis und die beste Strecke für sich auszuwählen, gilt es auch hier zu vergleichen. Auch hier bieten sich Reisepakete, wie die der Deutschen Bahn, am besten an. Die Preise der Züge können dann günstiger sein, als wenn Sie Hotel und Anreise separat voneinander buchen.

ANREISE MIT DEM (FERN-) BUS

Die letzte Möglichkeit der Anreise nach Prag aus Deutschland und seinen Nachbarländern ist die des Fernbusses. Viele erinnern sich beim Hören des Wortes Fernbus an lästige und ungemütliche Klassenfahrten mit dem Bus. Doch die Zeiten von kaputten Toiletten in Fernbussen sind längst vorbei. Nun kann eine Anreise per Fernbus überaus preiswert und komfortabel sein. Und vielleicht auch die beste Möglichkeit für ihre Reise nach Prag.

Der größte Pluspunkt der Fernbusse ist, dass diese auch aus kleineren Orten und Städten abfahren. Eben auch aus den Städten, aus denen keine direkten Züge oder Flüge nach Prag starten. Somit sparen Sie sich eine erste Reise zu einer größeren Stadt, um dort Ihren Anschluss zu erwischen.

Ein weiterer wichtiger Punkt ist eben der des Preises. Denn Fernbusse liegen in der Preisliga bei einem Bruchteil von Flügen und Zugreisen. Selbstverständlich ist bei einem Fernbus das Risiko höher, in einen Stau zu gelangen oder dass sich die Weiterfahrt verzögert. Zu Komplikationen und Verspätungen kann es jedoch bei allen Verkehrsmitteln kommen. Verzögerungen können Sie jedoch leichter in Kauf nehmen, wenn die preisliche Ebene kein Problem darstellt. Außerdem bieten Ihnen viele Reisebusanbieter einen Komfort, den Sie im Flugzeug und Zug oftmals nur vergeblich suchen. WLAN, Steckdosen am Platz, Unterhaltungsprogramm und Platz für sperriges Gepäck sind oft Dinge, die in modernen Fernbussen zu finden sind.

Fernbusse halten für gewöhnlich nicht am Hauptbahnhof Prags an. Denn Prag hat zwei Busbahnhöfe: Florenc und Rotzyly. In der Regel halten die meisten Fernbusse am Bahnhof Florenc. Von diesem aus können Sie mit der U-Bahn, mit den Metrolinien B und C, innerhalb von 5 Minuten in das Stadtzentrum Prags fahren. Mithilfe des internationalen Fernbusanbieters Flixbus, können Sie ganz flexibel und von zu Hause aus Preise und Strecken nach Prag vergleichen.

ÖFFENTLICHE VERKEHRSMITTEL IN PRAG

Die Reise aus Ihrer Heimatstadt nach Prag dürfte Ihnen nach dem letzten Kapitel nicht allzu schwerfallen. Prag lässt sich selbstverständlich auch gut zu Fuß erkunden. Es schadet jedoch nicht, einige erste Informationen über die öffentlichen Verkehrsmittel in Prag einzuholen.

Grundsätzlich gibt es drei U-Bahnlinien. A, B und C, die außerdem noch farblich unterschiedlich markiert sind. Es fahren Straßenbahnen, Autobusse, Fähren und die Seilbahn auf den Petrin-Hügel. Wichtig für Sie sind in erster Linie jedoch eher nur die U-Bahnen und Straßenbahnen. U-Bahnen fahren von 5 Uhr morgens bis 12 Uhr abends, in den restlichen Stunden übernehmen Autobusse und Straßenbahnen zusätzlich den Verkehr.

Über alle Fahrkartenautomaten in Bahnhöfen und bei einigen Zeitungsverkaufsständen können Sie die jeweiligen Fahrkarten erwerben. Diese müssen Sie beim Betreten der Verkehrsmittel entwerten.

Seit diesem Jahr können Sie ebenfalls in den Verkehrsmitteln mit Ihrer EC-Karte Fahrkarten kaufen und direkt nutzen. Bargeldloses Bezahlen ist ebenfalls in den Flughafen-Linien möglich. Die Preise der Fahrten variieren zwischen dem Basistarif und der Kurzstrecke. Der Basistarif bedeutet, dass Sie die Fahrkarte 90 Minuten lang nutzen können. Preislich liegt der Basistarif bei 32 CZK für Erwachsene und 16 CZK bei Kindern zwischen 6 und 15 Jahren. Der kurzzeitige Tarif kann für 30 Minuten genutzt werden und kostet für Erwachsene 24 CZK und für Kinder 12 CZK.

Neben den normalen Strecken bietet die Stadt Prag ebenfalls touristische Zeitfahrkarten. Auch hier gibt es zwei unterschiedliche Fahrkarten. Die erste Fahrkarte kann einen Tag lang, also 24 Stunden, genutzt werden. Preislich liegt die Karte für Erwachsene bei 110 CZK und bei 55 CZK für Kinder. Die andere Fahrkarte kann sogar 72 Stunden, also drei ganze Tage, genutzt werden. Vor allem für einen Kurzurlaub lohnt sich die Karte am meisten. Preislich gibt es hier keine Ermäßigung für Kinder zwischen 6 und 15 Jahren. Die Karte kostet demnach für Erwachsene und Kinder 310 CZK. Außerdem können

Sie kleine Gepäckstücke, Tiere in einer Transportbox, Fahrräder und Kinder in einem Kinderwagen kostenlos transportieren, ohne für bestimmte Zeiträume ein Extraticket entwerten zu müssen. Für große Gepäckstücke oder einen Kinderwagen ohne Kind bezahlen Sie dagegen 16 CZK. Kinder bis 6 Jahre und Senioren über 70 Jahre können kostenlos mit allen öffentlichen Verkehrsmitteln fahren.

Ein wichtiger Hinweis ist, dass die Straßenbahnen in Prag immer Vorrang haben und nicht die Fußgänger. Dies ist beim Überqueren der Straßen gut und wichtig zu wissen.

Must-Sees in Prag

Sie haben vielleicht bereits gemerkt, dass Prags Kultur sehr vielfältig ist. Genauso vielfältig gestalten sich auch die Must-Sees in Prag. Denn die Sehenswürdigkeiten in Prag sind unzählig und für jeden ist etwas dabei. Ob Kirchen, Museen, beeindruckende Architektur, leckeres Essen, Shoppen oder Parks – jeder Tourist wird seine Reise in Prag genießen und trotzdem nicht genug gesehen haben. Denn Prag hat in 22 Bezirken eine Menge zu bieten, da reicht ein kurzes Wochenende meistens nicht aus, um Prag komplett zu erkunden und zu entdecken. Aber es reicht vollkommen aus, um Prag lieben zu lernen.

SEHENSWÜRDIGKEITEN UND ATTRAKTIONEN

Über die folgenden Sehenswürdigkeiten und Attraktionen können Sie eine Menge wichtiger Informationen überall im Internet finden, falls Ihnen die hier gegebenen nicht ausreichen. Die vorgestellten Sehenswürdigkeiten sind an verschiedene Bedürfnisse und Interessen angepasst und vermitteln rundum ein abwechslungsreiches Bild von Prag. Das Kapitel über die Sehenswürdigkeiten beginnt mit den größten und in Prag berühmtesten Wahrzeichen und geht dann über zu den kleineren, versteckten Attraktionen, die manchmal in Vergessenheit geraten. Dennoch sind diese genauso lohnenswert.

Karlsbrücke

Die wohl berühmteste und älteste Brücke Prags ist die Karlsbrücke. Aus der Innenstadt und der Ferne ist sie gut zu betrachten, noch schöner ist es, über sie zu laufen und dabei den Sonnenuntergang zu genießen. Dieser romantische Spaziergang über die Brücke wird von schöner und unterhaltender Musik der

Straßenmusikanten untermalt.

Rechts und links auf den Brückenpfeilern thronen Heiligenfiguren aus Stein, die vermutlich seit dem 9. Jahrhundert dort die Brücke schmücken. Diese erinnern an eine längst vergessene Zeit und lassen sie dennoch dort auf der Karlsbrücke erneut aufleben. Glücklicherweise ist der Autoverkehr auf der Karlsbrücke strengstens verboten, sodass Sie den Übergang der Moldau genießen können.

Dennoch sind zu Stoßzeiten und in der Saison sehr viele Touristen gleichzeitig auf der Karlsbrücke zugegen. Dies kann für einige Menschen zu voll werden. Hier empfiehlt es sich, zur sehr frühen Stunde die Brücke zu überqueren. Dann ist es auch leichter, den Übergang besser zu genießen und ihn in Fotos mit wenigen Menschen festzuhalten. Die Karlsbrücke ist nicht nur die älteste Brücke Europas, sie verbindet auch die Altstadt mit der Kleinseite. Eine weitere Besonderheit ist, dass zur Adventszeit die Straßenlaternen der Brücke mit Gas betrieben werden und bis zur Prager Burg hin leuchten. Jeden Abend werden die Laternen von Nachtwächtern angezündet. Lichter und Nachtwächter tragen zur weihnachtlich mystischen Atmosphäre bei.

Der Altstädter Ring

Unweit entfernt von der Karlsbrücke finden Sie sich nach dem Überqueren im Altstädter Ring wieder. Dort stehen Sie dann im Mittelpunkt von vielen und wichtigen Sehenswürdigkeiten in Prag. Zum einen stehen Sie hier vor dem Altstädter Rathaus, welches bereits 600 Jahre alt ist. Dies ist nicht nur ein atemberaubend schönes Bauwerk, es sticht besonders durch seine große astronomische Uhr hervor. Zu jeder vollen Stunde kommt Bewegung in die Uhr und das Glockenspiel lockt sehr viele Besucher an. Dies bedeutet für Sie aber auch, wenn Sie das Spektakel der Uhr mit anschauen wollen, müssen Sie früh da sein, um einen guten Platz zu ergattern. Denn die astronomische Uhr am Rathaus ist kein Geheimtipp, viele Menschen reisen an, um sich davor fotografieren zu lassen.

Ein weiteres berühmtes Bauwerk am Altstädter Ring ist die Teynkirche. Charakteristisch für die Teynkirche sind ihre beiden schwarzen Türme, die Sie auch aus anderen Ecken der Stadt sehen können. Das römisch-katholische Gotteshaus wurde zwischen dem 14. und dem 16. Jahrhundert erbaut und ist ein Denkmal der Volkskultur. Sicherlich lohnt sich auch der Blick von innen. Kirchenliebhaber werden es sicherlich nicht bereuen, die Teynkirche zu besichtigen.

Prager Burg

Auf dem Berg Hradschin finden Sie die imposante Prager Burg. Diese können Sie ganz leicht auch vom Altstädter Ring aus erreichen. Die Burg dient heute noch als Residenz des tschechischen Präsidenten. Außerdem haben Sie die Möglichkeit, das komplette Burggelände und die dazugehörige Gartenanlage zu besichtigen. Der Blick auf die Stadt von der Prager Burg aus ist unbeschreiblich und eins der absoluten Highlights in dieser Stadt.

Falls Sie besonders früh schon oben auf der Burg sind, haben Sie Glück, denn dann können Sie um 12 Uhr den Wachwechsel beobachten. Doch auf dem Berg befindet sich nicht nur die Burg. Auf dem Gelände können Sie ebenfalls die Heilig-Kreuzkapelle, die Nationalgalerie, die drei Ehrenhöfe und das goldene Gässchen besichtigen. Letzteres wird so genannt, weil dort Alchemisten mit dem Stein der Weisen Gold hergestellt haben sollen. Neben vielen anderen kleinen bunten Häusern und Geschäften können Sie ebenfalls ein Haus besichtigen, in welchem einige Zeit Franz Kafka gewohnt haben soll. Nach dem Besuch der Goldenen Gasse wissen auch Sie, weshalb Franz Kafka so von Prag geschwärmt hat.

Veitsdom

Ebenfalls auf dem Burggelände befindet sich diese Sehenswürdigkeit, der Veitsdom. Fünf Jahrhunderte dauerte die Fertigstellung des Baus, bis im Jahr 1929 der Veitsdom vollendet wurde. Nicht nur von außen ist der Veitsdom besonders auffällig gestaltet, sondern auch von innen. Die prachtvollen Verzierungen und Dekorationen rauben Ihnen den Atem und sorgen für ein besonderes Flair. Zu den prachtvollen Dekorationen im Innenraum des Doms gehören vor allem Halbedelsteine und vergoldeter Stuck.

Bekannt ist der Veitsdom aber vor allem wegen seiner sieben Glocken geworden. Diese sind alle unterschiedlich groß und schwer. Die schwerste wiegt dabei bis zu 13 Tonnen und muss von vier ausgewachsenen Männern manuell geläutet werden. Das ist schon ein Spektakel für sich. In der Vergangenheit wurde der Veitsdom, neben seiner christlichen

Bedeutung, auch für mehrere Krönungszeremonien von Kaisern und Königen genutzt. Heute können Sie als Besucher des Veitsdoms vom Turm aus über die ganze Stadt blicken und das betrachten, was einst Kaiser und Könige ihr Eigentum nannten.

Jüdisches Viertel Josefov

Das gesamte jüdische Viertel Josefov kann als eine Sehenswürdigkeit gezählt werden. Einer oder mehrere Spaziergänge dadurch sollten Sie sich unbedingt vornehmen. Dort begegnen Sie einer Menge beeindruckender und bunter Fassaden. Sie werden aus dem Staunen gar nicht mehr herauskommen. Synagogen, wie die Pinkas und die Spanische, kleine Gassen und süße Lokale laden Sie dazu ein, sehr viel Zeit dort zu verbringen. Ein Highlight des Viertels ist der jüdische Friedhof, wo sich die Grabsteine nur zu stapeln scheinen. Dort können Sie auch das jüdische Museum besuchen, dieses verwaltet auch den Friedhof.

Das tanzende Haus

Moderne Architektur trifft auf vergangene Bauten in ganz Prag. Ein Beispiel für moderne Architektur ist ganz klar das tanzende Haus. Ähnlichkeiten hat das

Objekt mit dem Gehry-Haus, welches in Düsseldorf steht. Das tanzende Haus steht seit 1966 in der Metropole Prag und stammt von demselben Architekten wie das Gehry-Haus in Düsseldorf. Am Ufer der Moldau können Sie sich das tanzende Haus ansehen. Das Besondere an dem Gebäude ist, dass es an eine Tänzerin mit Faltenkleid erinnert, die sich grazil an ihren Tanzpartner schmiegt. Aus dieser bildhaften Assoziation wird das Gebäude auch oft Ginger und Fred, nach Ginger Rogers und Fred Astaire, dem berühmten Tanzduo, genannt.

Der Wenzelsplatz

Prag ist bekannt für seine pompösen Plätze, die voller Kultur und Architektur sind. Eine wichtige Sehenswürdigkeit ist neben der Altstadt der Wenzelsplatz. Er gehört zu den größten städtischen Plätzen Europas. Der Wenzelsplatz erstreckt sich über eine Länge von 720 m und einer Breite von 60 m, demnach handelt es sich eher um eine prachtvolle Straße, statt um einen Platz. In der Neuzeit trug er den Namen „Rossmarkt" und bildete den Mittelpunkt der Prager Neustadt.

Charakteristisch für den Wenzelsplatz ist das

Wenzeldenkmal des heiligen Wenzel. Hinter dem Denkmal können Sie das Nationalmuseum bereits erblicken. Am Wenzelsplatz finden Sie eine Menge Cafés, Restaurants, Kinos, Bars und Bekleidungsgeschäfte. Der Platz ist an beiden Enden mit allen U-Bahnlinien (A, B, C und D) zu erreichen.

Das Klementinum
Folgendes Gebäude ist ein damaliges Jesuiten-Kolleg im Barockstil. Es befindet sich direkt am Ende der Karlsbrücke und dem Brückenturm der Prager Altstadt. Sie können das prächtige Klementinum demnach gar nicht verfehlen. Heute beherbergt es die Nationalbibliothek der Tschechischen Republik. Vielen Touristen reicht es, an dem barocken Gebäude während ihres Bummels vorbeizugehen, aber es ist Ihnen auch möglich, sich die Nationalbibliothek von innen anzuschauen.

Die John-Lennon-Mauer
Bei der John-Lennon-Mauer handelt es sich um eine von der jungen Graffiti-Szene der Tschechoslowakei genutzte Mauer, die ihren Stand in der Altstadt hat. Bilder, sowie Texte von John Lennon wurden im Laufe der Jahre bunt auf die Mauer gesprüht.

Daraufhin wurde die Mauer auch als Tafel für politische Botschaften, die sich gegen die damalige Regierung richteten, genutzt. In Verbindung mit der John-Lennon-Mauer und den politischen Auseinandersetzungen darauf, wurde die aufkeimende Revolte mit dem Begriff des Lennonismus geprägt. Seit dem erfolgreichen politischen Umsturz und der Öffnung der Tschechischen Republik gilt die John-Lennon-Mauer bis heute als ein wichtiges politisches Symbol der Revolution und des Landes.

Leider wurde während der Revolte die Mauer mehrmals überstrichen, sodass das Originalporträt von John Lennon nicht mehr zu erkennen ist. Dennoch wird heute die Mauer immer noch aktiv von Sprayern und GraffitiKünstlern genutzt. Diese toben sich künstlerisch aus oder vermitteln Wissen über das politische System und die Auswirkungen auf die gesamte Welt.

Das Besondere an der John-Lennon-Mauer ist, dass wenn Sie sie besuchen und ein Bild mit Ihr ergattern, Sie einen einzigartigen Bildausschnitt erlangen. Denn jeden Tag wird die Mauer neu bemalt, sodass neue Bilder und Kunst darauf entstehen. Oft stehen an der Mauer auch junge Musiker, die Lieder von John Lennon performen und somit die Mauer und ihre Besucher in eine außergewöhnliche Atmosphäre tauchen.

Das Nationaltheater

Das Narodni divadlo, wie das Nationaltheater im Tschechischen heißt, gehört zu einem der bedeutsamsten Bauten in der Prager Neustadt. Mit seinem Standort am Ufer der Moldau gehört das Nationaltheater zu einer der wichtigsten Kultureinrichtungen des Landes. Mitte des 19. Jahrhunderts entstand die Idee zum Bau, doch vergingen noch einige Jahrzehnte, bis die Umsetzung auch wirklich begann.

Das Nationaltheater wurde von der Prager Bevölkerung durch Spenden mitfinanziert. Stets stand das Nationaltheater in einer engen Verbindung mit der Prager Nation. Aus dem Grund ist das Gebäude für die Tschechische Republik von einem besonders großen Wert. Das Programm des Nationaltheaters hat sich über mehrere Jahre sehr traditionell und doch stets gehoben gehalten. Aber auch für die Unterhaltung von jüngerem Publikum, durch experimentelle Formate, wird gesorgt. Wenn Sie sich sehr dafür interessieren, können Sie ganz bequem und online eine Karte für eine kommende Veranstaltung im Nationaltheater ergattern. Oder aber Sie buchen sich eine Führung durch das Gebäude, die sowohl auf Englisch als auch auf Deutsch angeboten wird.

Der Pulverturm

Am Rande des Platzes der Republik können Sie den Pulverturm finden. Das Bauwerk ist 65 m hoch und geht in das 15. Jahrhundert zurück. Damals war der Pulverturm Teil der königlichen Befestigung. Heute dient der Pulverturm als markanter Eingang in die Prager Altstadt. Der Platz der Republik ist nicht für den Verkehr freigegeben, genauso wie der Torbogen des Pulverturms. So können Sie sich den Torbogen und den Turm selbst genauer betrachten. Denn der Pulverturm ist seit seinem Bau unversehrt und in originaler Form geblieben.

Sie merken, dass Prag sehr viele Sehenswürdigkeiten zu bieten hat. Die oben vorgestellten sind nicht einmal alle, die es in der Stadt zu entdecken gibt. Die beschriebenen Sehenswürdigkeiten sollen Ihnen als Orientierung dienen. Prag ist eine kleine Stadt mit viel Potenzial. Dieses gilt es auf eigene Art und Weise zu erkunden und zu entdecken. Je nachdem wo Ihre Interessen liegen, verändert sich auch Ihre abgelaufene Strecke. Andere kleinere Dinge ziehen Sie an, wohingegen Sie größere Sehenswürdigkeiten schnell überspringen. Die tschechische Hauptstadt hat nicht nur viel zu bieten, sondern bietet auch viel für Touristen an. Die Massen an Touristen sind in einer kleinen Stadt wie Prag kaum vorstellbar. An vielen populären Orten versammeln sich oft sehr viele und große Reisegruppen. Sight-Seeing in Prag kann auch jede Menge Zeit von Ihnen beanspruchen. Aus dem Grund ergibt es Sinn, sich im Vorhinein zu überlegen, welche Sehenswürdigkeiten unbedingt ausführlich betrachtet werden müssen und wie viel Zeit eingeplant wird. Schade wäre es, aufgrund der großen Touristenmassen, andere Teile Prags zu missen. Es kann aber auch passieren, dass Gebäude geschlossen sind oder saniert werden, dies sollten Sie in Ihrer Reiseplanung beachten.

Insider-Tipps

Vielleicht kennen Sie das von Ihren anderen bisherigen Reisen. Sie recherchieren und versuchen, alles Wichtige über Ihr nächstes Reiseziel herauszufinden. Im Zeitalter des Internets ist dies nicht sonderlich schwierig. Denn es gibt nicht nur zahlreiche Reiseführer in der Buchhandlung zu kaufen, sondern auch eine Vielzahl an Reiseberichten und Blogs im Internet zu finden. Sie erwarten in den Reiseführern die allgemeinen Tipps und hoffen darauf, in den Reiseberichten die Insider-Tipps zu bekommen. Da machen Sie grundsätzlich nichts falsch. Jedoch sollten Sie sich über eine Stadt oder ein Land nicht zu viel informieren. Sie werden nie alle Tipps bekommen und nie all das entdecken können, was die Reisenden vor Ihnen entdeckt haben. Reisen ist schließlich etwas sehr Individuelles und die eigenen Interessen leiten einen jeden Touristen anders. Auch wenn Sie die Tipps der schon Gereisten befolgen, wird Ihre Reise dennoch anders sein. Selbstverständlich erwartet Sie in diesem Reiseführer im Folgenden auch ein Kapitel mit Insider-Tipps. Doch diese richten sich ganz klar nach dem Interesse der Autorin. Vielleicht ist unter diesen Tipps nichts für Sie dabei.

Ein erster und wichtiger Tipp ist es, die Stadt ohne Reiseführer zu entdecken. Sie werden sich vermutlich am ersten Abend verlaufen und den Weg zum Hotel nur schwer zurückfinden. Bei Ihrer Suche nach dem Weg werden Sie auf Statuen und kleine Läden stoßen, Sie werden sich umschauen und sich vornehmen, morgen erneut herzukommen. Am nächsten Tag jedoch werden Sie an einer anderen Straße entlanglaufen und den Platz vom Vortag nicht mehr wiederfinden. Das ist der Charme einer neuen Stadt. Ohne Stadtführer werden Sie vielleicht ein kleines leeres Café entdecken, in dem Sie jeden

Morgen frühstücken und sich fragen, wieso es keiner kennt. Die Antwort ist, weil die anderen Touristen strikt nach ihrem Reiseführer reisen. Gute Insider-Tipps erhalten Sie für gewöhnlich von Einheimischen oder von Bekannten, die neue Orte durch das Verlorengehen entdeckt haben.

Tipp Nr. 1: Geld wechseln
Bei vielen deutschen Banken können Sie noch Ihr Geld in tschechische Kronen tauschen, bei einigen anderen geht dies nicht mehr. Dies ist nicht schlimm, denn es wird Ihnen geraten, die Währung im Land selbst einzutauschen. Bei Ihrer Ankunft in Prag am Flughafen könnten Sie einen kleinen Teil Ihres Geldes eintauschen. Genau so viel, wie Sie für die Fahrt in die Innenstadt und zu Ihrer Unterkunft benötigen. Das restliche Geld sollten Sie in der Stadt in einer Wechselstube umtauschen. Dort können Sie genau vergleichen, welcher Wert und welche Gebühr am besten ist. Am Flughafen ist die Wechselgebühr oft sehr hoch, doch die Touristen wechseln dort sofort ihr gesamtes Geld, aus Angst, es in der Innenstadt nicht mehr tun zu können.

Tipp Nr. 2: Vysehrad

Das Prager Viertel Vyserhrad ist ein absoluter Insider. Es handelt sich um einen Burgwall, der sich über die südliche Neustadt erstreckt und zu einem der bedeutsamsten Orte Prags zählt. Und das, obwohl das Viertel von vielen Touristen außer Acht gelassen wird.

Von dort aus haben Sie eine wunderbare Aussicht über Prag und die Moldau. Neben einem schönen Spaziergang und gutem Essen können Sie ebenfalls Kirchen und historische Bauten betrachten.

Ein Insider im Viertel Vysehrad ist der Friedhof. Denn dort sind große tschechische Persönlichkeiten begraben worden. Beispielsweise der Künstler und Maler Alfons Mucha und die Komponisten Antonin Dvorak und Bedrich Smetana. Aufgrund der begrabenen Persönlichkeiten sind auch ihre Grabmäler pompös gestaltet.   In das Viertel Vysehrad gelangen Sie am besten mit der Metrolinie C, mit welcher Sie bis zur Haltestelle Vysehrad fahren. Wenn Sie sich beispielsweise am Nationalmuseum befinden, benötigen Sie nur zwei Stationen bis zum Viertel. Halten Sie beim Aussteigen Ausschau nach einem Kongressgebäude der 80er Jahre. An diesem laufen Sie dann rechts vorbei, bis Sie zu einem alten Tor gelangen. Dies ist der Eingang in die alte Burganlage.

Tipp Nr. 3: Lucerna-Passage

Sollten Sie sich gerade am Wenzelsplatz befinden und auf der Suche nach einem kleinen und warmen Café sein, dann ist die Lucerna-Passage das, was Sie gerade benötigen. Laufen Sie den Wenzelsplatz bergab und nehmen dann die dritte Straße mit dem Namen Stepanska nach links. Dann sollten Sie nach einigen Metern den Eingang der Passage erreichen. Die Lucerna-Einkaufspassage besteht aus einem Kino und einem großen Café. Das Tor der Passage befördert Sie dabei in eine längst vergangene Zeit der 20er Jahre. Vor allem das in der ersten Etage befindliche Café versprüht einen sehr nostalgischen Charme. Alte Männer mit Hüten sitzen hier sehr gerne und lassen ihren Tag ausklingen. Sie werden einen Besuch fernab vom Tumult der Straße sicherlich nicht bereuen.

Tipp Nr. 4: Flohmarkt Blesi Trhy

Der Flohmarkt ist auch unter dem Namen Kolbenova bekannt. Dieser findet jeden Samstag und Sonntag von 7:00 Uhr bis 14:00 Uhr auf einem alten Industriegelände statt und er ist auch noch der größte Flohmarkt Tschechiens. Hier gibt es für jeden etwas zu finden. Ein etwas anderes Souvenir aus Prag zum Beispiel?

Touristen verirren sich hier nur selten hin, da sich der Flohmarkt eher an Einheimische richtet. Aber hier erleben Sie die tschechische Kultur hautnah.

Wenn Sie sich alle Stände ansehen möchten, müssen Sie viel Zeit mitbringen. Aber auch ein gemütlicher Spaziergang für einige Stunden ist eine außergewöhnliche Abwechslung in Prag. Allerdings sollten Sie schon früh da sein, da einige Stände bereits um 12:30 Uhr ihre Sachen zusammenpacken. Für gutes Essen und Musik ist ebenfalls gesorgt. Allerdings kostet der Flohmarkt 20 CZK Eintritt. Jedoch gibt es am Eingang einen Schalter, an dem Sie Geld wechseln können. Die Fahrt aus der Innenstadt zum Flohmarkt erfolgt durch die gelbe Metrolinie B Richtung Letnany. Sie steigen dann an der Haltestelle Hloubetin aus. Von dort aus gibt es dann mehrere Shuttlebusse, die Sie direkt an den Ort des Flohmarktes bringen.

Tipp Nr. 5: Zizkov und Vinohrady

Die beiden Bezirke befinden sich an der östlichen Seite des Prager Zentrums. Ein Spaziergang durch die Straßen dieser Bezirke ermöglicht Ihnen das Eintauchen in eine andere Welt von Prag. Dabei ist Zizkov ein traditionelles Arbeiterviertel und Vinohrady das Viertel der Boheme. Heutzutage sind jedoch die Bezirke stark verschmolzen. Schicke und individuelle Cafés und Geschäfte schmücken die Straßen und lassen in ihnen das Leben Prags durchatmen. Als besondere Sehenswürdigkeit gibt es hier den Zizkover Fernsehturm zu sehen. Dieser prägt vor allem die Skyline Prags seit 1990. Von dort oben haben Sie ganz Prag, die Moldau und ihr Umfeld gut im Blick.

Mit der grünen Metrolinie A können Sie Vinohrady erreichen, indem Sie an der Station Namesti Miru aussteigen. Dort wird auch das Dish Bistro empfohlen, wo es sehr leckere Burger gibt. Dann befinden Sie sich direkt am zentralen Platz des Bezirkes. Außerdem finden Sie hier an der Metro-Station gleichzeitig die längste Rolltreppe Europas. Von hier aus können Sie weiter in den Bezirk Zizkov fahren, bis Sie die Haltestelle Jiriho z Podebrad erreichen.

Oder Sie laufen von dem einen Bezirk in den

anderen. Mittwoch, Freitag und Samstag finden Sie an der Haltestelle auch einen Farmers Market. Dort wird nicht nur Gemüse und Obst angeboten, sondern auch leckeres Gebäck und regionale Süßigkeiten. Ein Land erleben Sie eben nur richtig durch seine Speisen.

Tipp Nr. 6: Essen und Snacks

Ein Tredlnik in Prag zu essen ist nun kein Insider mehr. Im „Good Food & Bakery" finden Sie das typische Gebäck nicht nur in seiner traditionellen Art und Weise mit Zucker berieselt, sondern auch mit Erdbeeren, Schokolade, Karamell und Sahne. Hier ist für jeden etwas dabei.

Traditionell böhmisches Essen finden Sie im Restaurant Vinohradsky Parlament. Dort können Sie zu Ihrer Mahlzeit auch leckeres und frisch gezapftes tschechisches Bier genießen.

Denken Sie daran, auch in die kleinen Nebengassen von Prag zu schauen, denn oft verbergen sich dort kleine Lokale mit leckeren Spezialitäten, die viele Touristen übersehen.

Dies sind einige von vielen Insider-Tipps zu Prag. Viel mehr davon werden Sie durch Ihre Reise selbst entwickeln. Denn nur so lernen Sie eine Stadt wirklich gut kennen.

So sparen Sie Ihr Geld in Prag!

Die größte Sparmöglichkeit während Ihrer Reise ist die **Prag Welcome Card**. Mit dieser Karte haben Sie die Möglichkeit, 72 Stunden lang die öffentlichen Verkehrsmittel in Prag zu benutzen. Außerdem erhalten Sie kostenlosen Zugang zu vielen Museen, Denkmälern und Galerien. Beispiele für den kostenlosen Zugang sind: das Neustädter Rathaus, das Klementinum, die astronomische Uhr und die Teynkirche. Außerdem in der Stadtgalerie Prag, im Kafka- und Mucha-Museum, im

Luftfahrtmuseum und so weiter. Auch können Sie bei anderen Aktivitäten der Stadt Rabatte bekommen und so vergünstigt Tickets kaufen. Ebenfalls können Sie aufgrund der Welcome Card die Warteschlangen überspringen. Alle Angebote können Sie sich selbstverständlich online anschauen. Die Karte können Sie beispielsweise am Bahnhof kaufen oder an den Touristeninformationen. Der Tag, an dem Sie die Karte dann das erste Mal benutzen, zum Beispiel zum Bahnfahren, ist der Anfangspunkt. Ab da an gilt die Karte dann für 72 Stunden. Preislich liegt die Karte bei 42€ und kann auch in Ihr Hotel geliefert werden, sofern Sie diese online vor Antritt der Reise bestellen.

Abgesehen davon gibt es noch die **Prag Card**, bei welcher Sie sich zwischen 2, 3 und 4 Tagen entscheiden können. Im Grunde genommen sind die Aktionen und Dienste dieser Karte ähnlich wie die der **Prag Welcome Card.** Preislich liegt die Karte bei 62€ für Erwachsene und 46€ als Student und Kind für 2 Tage, 72€ für Erwachsene und 53€ als Kind und Student für 3 Tage und 83€ für Erwachsene und 61€ als Kind und Student für 4 Tage. Über eine dazugehörige App können Sie auf Ihrem Smartphone sehen, zu welchen Aktivitäten Sie kostenlosen Zugang haben.

Ein weiterer Tipp, um in Prag Geld zu sparen, beginnt bei der Buchung einer Unterkunft. Vor allem, wenn Sie als Familie unterwegs sind, kann ein Hotelzimmer mit mehreren Betten etwas teurer werden als bei einem Einzelzimmer. Hier empfiehlt es sich, auf ein Apartment umzusteigen. Diese bieten mehr Platz an. Manche von den Apartments besitzen zum Beispiel auch eine kleine Küche, in der Sie kleine Snacks und Brote für den Tag vorbereiten können. Einige Hotels bieten neben ihren Zimmern auch vergünstigte Apartments an. Oder aber Sie testen und vergleichen die Preise auf der Plattform Airbnb. Dort vermieten oft Einheimische ihre Zimmer oder ihre ganze Wohnung an Reisende.

Die Preise sind oftmals deutlich günstiger als ein Einzelzimmer im Hotel. Der Vorteil bei einem Airbnb ist hier nicht nur der Preis, sondern auch, dass die Zimmer oder die Wohnung oft sehr nah am Stadtzentrum sind und somit nah an allen Sehenswürdigkeiten und am Prager Stadtleben. Somit müssen Sie sich nicht darum sorgen, am späten Abend noch die richtige Bahn zu erwischen, um noch gut in die

Unterkunft zu kommen. Dadurch sparen Sie sich erneut Zeit und Geld.

Abgesehen davon ist Prag durch seine Währung deutlich kostengünstiger als ein Land mit dem Euro als Währung. An die Preise der tschechischen Krone gewöhnen Sie sich schnell und merken bei einem ersten Umrechnen, dass Sie in Restaurants und Lokalen deutlich günstiger essen können als zu Hause in Deutschland. Am teuersten bei Reisen sind vermutlich sowieso das Essen und die Sehenswürdigkeiten und Attraktionen. Wenn Sie jedoch die oben beschriebenen Tipps befolgen, müssten Sie einiges an Geld sparen und dennoch das Beste aus Ihrer Pragreise herausbekommen.

Gute Reise!

Sobald der folgende Reiseführer beendet ist, kann Ihre Reise richtig beginnen. In dem Buch in ihrer Hand können Sie natürlich immer mal wieder blättern und sich Seiten und Tipps notieren und Dinge merken, die Sie sich unbedingt anschauen möchten. Ihre Reise beginnt mit der Buchung aller nötigen Dinge und mit dieser leichten Aufregung in der Brust.

Sie haben sicherlich gemerkt, dass Prag nicht zu unterschätzen ist. Prag ist voller Leben, Zeitgeschichte und Kultur. In ihr verbinden sich verschiedene architektonische Stile, so verschieden, dass auch ein ungeübtes Auge diese bemerkt. Die Tschechen sind gastfreundlich und heißen Sie willkommen im Herzen ihrer Stadt, welches an manchen Tagen von Touristen überschwemmt zu sein scheint. In Prag begegnen Sie Menschen aus aller Welt. Menschen, die sich die Schönheit dieser Stadt genauso wenig entgehen lassen möchten, wie Sie.

Diese Masse an Touristen kann aber auch sehr anstrengend sein. Schließlich möchten Sie die Stadt für sich haben, Platz zum Laufen und Fotos machen. Fotos, auf denen die Gebäude zu sehen sind und nicht die Menschenmassen. Das kann sich in Prag sehr oft als sehr schwierig erweisen. Glücklicherweise gibt es in Prag jedoch sehr viel zu sehen, auch Orte, die die meisten nur aus Insider-Tipps kennen. Es lohnt sich, diesen nachzugehen. Viele Orte und Plätze, die nicht so überfüllt sind, offenbaren noch stärker das Leben in Prag und schenken Ihrer Reise noch mehr, als Sie vielleicht dachten, in Prag entdecken zu können.

Jede Jahreszeit ist ein absolutes Highlight in Prag. Sei es um die Weihnachtszeit herum, in der Prag in winterliche und weihnachtliche Lichter getaucht ist. Wo Sie von einem Weihnachtsmarkt in den nächsten hineinstolpern und sich von dem leckeren Gebäck und den Gewürzen ganz benebelt fühlen. Oder gar im Frühling, wo es noch nicht so warm ist und es Freude bereitet, in den ersten Sonnenstrahlen des Jahres die Bauwerke der Stadt zu erblicken. Oder Sie suchen sich den Herbst aus und erblicken die wunderbar herbstlichen Farben der Bäume an der Moldau. Und im Sommer können Sie eine leckere und kühle Limonade an der Promenade oder in einem schönen Café genießen.

In jeder Jahreszeit gibt es etwas Schönes zu genießen und zu entdecken. Und dies trifft nicht nur auf Prag zu. Denken Sie daran, dass Worte und Bilder die Schönheit einer Stadt nicht genug einfangen können. Die Erfahrungen und Erlebnisse, die Sie auf Ihrer Reise durch Prag machen, sind die Dinge, die zählen und die auch in Erinnerung bleiben. Diese lassen sich nicht mit etwas Materiellem vergleichen.

Deswegen legen Sie bei einem Spaziergang durch die Prager Altstadt auch mal das Smartphone und den Reiseführer weg und versinken Sie in die Prager Atmosphäre der alten Bauwerke und der gepflasterten Steine. Erhaschen Sie einen Blick in die Geschäfte, die nicht nur Souvenirs anbieten, sondern auch einen Teil der Stadt und des Lebens darin widerspiegeln. Lassen Sie sich von Straßenmusikanten durch die Gassen leiten, spazieren Sie durch Supermärkte und entdecken Sie neue Produkte und lassen Sie es zu, sich trotz der Menschenmengen in die Stadt zu verlieben.

Packliste

Geld & Finanzen

O (evtl.) Auslandswährung
O Bargeld
O Bauchtasche
O Brustbeutel
O Bauchtasche
O EC-Karte
O Kreditkarte
O Notfall-Telefonnummern der Banken
O Portmonee

Hygiene

O Haarbürste / Kamm
O Deo (klein)
O Shampoo
O Kulturtasche
O Sonnencreme
O Taschentücher

O Reise-Zahnbürste und Zahnpasta

O Verhütungsmittel

Kleidung

O Badeklamotten

O Gürtel

O Hosen kurz / lang

O Mütze / Cap / Hut

O Pullover

O Regenjacke

O Schlafanzug

O Socken

O Sonnenbrille

O Sportklamotten / Jogginghose

O T-Shirts

O Unterwäsche

Medikamente

O Blasenpflaster

O Anti-Durchfalltabletten

O Erste-Hilfe-Set

O Fiebertabletten

O Fiebertabletten

O Mückenschutz

O sonstige Medikamente

O Pflaster

O Kopfschmerztabletten

<u>Unterlagen & Papiere</u>

O ADAC Unterlagen

O Adresslisten für Postkarten

O Krankversicherungsnachweis

O Stadtplan

O Führerschein

O Unterlagen für die Unterkunft

O Wasserdichte Hülle für Reiseunterlagen

O Impfausweis

O Mietwagenunterlagen

O Personalausweis

O Reisepass

O Reisetagebuch

O evtl. Studentenausweis

O evtl. Visum
O Zug- / Bahn- / Flugticket

Taschen & Rucksäcke

O Koffer / Trolley / Reisetasche
O Regenhülle für Rucksack
O Rucksack

Schuhe

O Badeschlappen / Hausschuhe
O Schuhe und Wechselschuhe

Sonstiges

O Brille / Kontaktlinsen und Etui
O Buch zum Lesen
O Ohrenstöpsel und Schlafmaske
O Regenschirm
O Reisedecke
O Wasserflasche
O Wörterbuch

Elektronik

O Digitalkamera

O Handy

O Ladekabel

O Kopfhörer

O evtl. Steckdosenadapter

O Power-Bank

Herstellung und Verlag:

BoD – Books on Demand, Norderstedt

ISBN: 9783750469273

© Kiara Bluhm 2020

1. Auflage

Kontakt: Psiana eCom UG/ Berumer Str. 44/ 26844 Jemgum

Covergestaltung: Fenna Larsson

Coverfoto: depositphotos.com